make magic everyday

GOALS

✓

○ _____

○ _____

○ _____

○ _____

○ _____

○ _____

○ _____

○ _____

○ _____

○ _____

○ _____

CELEBRATIONS

January	July
February	August
March	September
April	October
May	November
June	December

ASTROLOGICAL SIGNS

✦

AQUARIUS
jan 20 - feb 18

PISCES
feb 19 - march 20

ARIES
march 21 - april 19

TAURUS
april 20 - may 20

GEMINI
may 21 - june 20

CANCER
june 21 - july 22

LEO
july 23 - august 22

VIRGO
aug 23 - sept 22

LIBRA
sept 23 - oct 22

SCORPIO
oct 23 - nov 21

SAGITTARIUS
nov 22 - dec 21

CAPRICORN
dec 22 - jan 19

BIRTHSTONES

❖

JANUARY
garnet

FEBRUARY
amethyst

MARCH
aquamarine

APRIL
diamond

MAY
emerald

JUNE
pearl
alexandrite
moonstone

JULY
ruby

AUGUST
peridot
sardonyx

SEPTEMBER
sapphire

OCTOBER
tourmaline
opal

NOVEMBER
topaz
citrine

DECEMBER
tanzanite
zircon
turquoise

GIFT IDEAS

♥

january: who/what	*july: who/what*
february: who/what	*august: who/what*
march: who/what	*september: who/what*
april: who/what	*october: who/what*
may: who/what	*november: who/what*
june: who/what	*december: who/what*

MONTH:

monday	tuesday	wednesday	thursday
———	———	———	———
———	———	———	———
———	———	———	———
———	———	———	———
———	———	———	———

day	saturday	sunday	reminders
—	—	—	
—	—	—	
—	—	—	
—	—	—	
—	—	—	

MONTH:

monday	tuesday	wednesday	thursday
—	—	—	—
—	—	—	—
—	—	—	—
—	—	—	—
—	—	—	—

·iday	saturday	sunday	reminders
—	—	—	
—	—	—	
—	—	—	
—	—	—	
—	—	—	

MONTH:

monday	tuesday	wednesday	thursday
——	——	——	——
——	——	——	——
——	——	——	——
——	——	——	——
——	——	——	——

iday	saturday	sunday	reminders
—	—	—	
—	—	—	
—	—	—	
—	—	—	
—	—	—	

MONTH:

monday	tuesday	wednesday	thursday
———	———	———	———
———	———	———	———
———	———	———	———
———	———	———	———
———	———	———	———

day	saturday	sunday	reminders
—	—	—	
—	—	—	
—	—	—	
—	—	—	
—	—	—	

MONTH:

monday	tuesday	wednesday	thursday

day	saturday	sunday	reminders
—	—	—	
—	—	—	
—	—	—	
—	—	—	
—	—	—	

MONTH:

monday	tuesday	wednesday	thursday
—	—	—	—
—	—	—	—
—	—	—	—
—	—	—	—
—	—	—	—

iday	saturday	sunday	reminders

MONTH:

monday	tuesday	wednesday	thursday
——	——	——	——
——	——	——	——
——	——	——	——
——	——	——	——
——	——	——	——

iday	saturday	sunday	reminders
—	—	—	
—	—	—	
—	—	—	
—	—	—	
—	—	—	

MONTH:

monday	tuesday	wednesday	thursday
——	——	——	——
——	——	——	——
——	——	——	——
——	——	——	——
——	——	——	——

iday	saturday	sunday	reminders
—	—	—	
—	—	—	
—	—	—	
—	—	—	
—	—	—	

MONTH:

monday	tuesday	wednesday	thursday
—	—	—	—
—	—	—	—
—	—	—	—
—	—	—	—
—	—	—	—

iday	saturday	sunday	reminders
—	—	—	
—	—	—	
—	—	—	
—	—	—	
—	—	—	

MONTH:

monday	tuesday	wednesday	thursday
___	___	___	___
___	___	___	___
___	___	___	___
___	___	___	___
___	___	___	___

iday	saturday	sunday	reminders
—	—	—	
—	—	—	
—	—	—	
—	—	—	
—	—	—	

MONTH:

monday	tuesday	wednesday	thursday
___	___	___	___
___	___	___	___
___	___	___	___
___	___	___	___
___	___	___	___

iday	saturday	sunday	reminders
—	—	—	
—	—	—	
—	—	—	
—	—	—	
—	—	—	

MONTH:

monday	tuesday	wednesday	thursday
——	——	——	——
——	——	——	——
——	——	——	——
——	——	——	——
——	——	——	——

iday	saturday	sunday	reminders
—	—	—	
—	—	—	
—	—	—	
—	—	—	
—	—	—	

MONTH:

monday	tuesday	wednesday	thursday
—	—	—	—
—	—	—	—
—	—	—	—
—	—	—	—
—	—	—	—

riday	saturday	sunday	reminders
—	—	—	
—	—	—	
—	—	—	
—	—	—	
—	—	—	

THIS BELONGS TO:

....

if found please call:

....

or email:

....

create your own universe